Pueblos indígenas del NORESTE

Por Barbara M. Linde

Traducido por Esther Sarfatti

Gareth Stevens
PUBLISHING

Please visit our website, www.garethstevens.com. For a free color catalog of all our high-quality books, call toll free 1-800-542-2595 or fax 1-877-542-2596.

Cataloging-in-Publication Data

Names: Linde, Barbara M., author.
Title: Pueblos indígenas del Noreste / Barbara M. Linde, translated by Esther Safratti.
Description: New York : Gareth Stevens Publishing, 2017. | Series: Pueblos indígenas de Norte América | Includes index.
Identifiers: ISBN 9781482452624 (pbk.) | ISBN 9781482452648 (library bound) | ISBN 9781482452631 (6 pack)
Subjects: LCSH: Indians of North America–Northeastern
  States–History–Juvenile literature.
Classification: LCC E78.E2 L56 2017 | DDC 974.004/97–dc23

First Edition

Published in 2017 by
Gareth Stevens Publishing
111 East 14th Street, Suite 349
New York, NY 10003

Designer: Samantha DeMartin
Editor: Kristen Nelson
Translator: Esther Safratti

Photo credits: Series art AlexTanya/Shutterstock.com; cover, p. 1 Print Collector/Hulton Archive/Getty Images; p. 5 (main) Christopher Hall/Shutterstock.com; p. 5 (map) AlexCovarrubias/Wikimedia Commons; pp. 7, 11 (main) Nativestock.com/Marilyn Angel Wynn/Native Stock/Getty Images; p. 9 MPI/Archive Photos/Getty Images; p. 11 (inset) stoonn/Shutterstock.com; p. 13 MPI/Hulton Fine Art Collection/Getty Images; p. 15 courtesy of Library of Congress; pp. 17, 25 Kean Collection/Archive Photos/Getty Images; p. 19 Archive Photos/Archive Photos/Getty Images; p. 21 Universal History Archive/Universal Images Group/Getty Images; p. 23 JTB Photo/Universal Images Group/ Getty Images; p. 27 Boston Globe/Boston Globe/Getty Images; p. 29 Gigillo83/Wikimedia Commons.

Printed in the United States of America

CPSIA compliance information: Batch #CS16GS: For further information contact Gareth Stevens, New York, New York at 1-800-542-2595.

CONTENIDO

Las palabras del glosario se muestran en **negrita** la primera vez que aparecen en el texto.

EL NORESTE

Pueblos indígenas vivían en el noreste de Norteamérica desde hacía más de 12,000 años antes de la llegada de los colonos europeos. Sus tierras se **extendían** desde el océano Atlántico hasta cerca del río Misisipi. Abarcaban desde la **región** de los Grandes Lagos hasta el estado actual de Maine al norte.

Los **arqueólogos** estiman que alrededor de unos dos millones de indígenas vivían en la región Noreste durante el siglo XVI. Se cree que llegaron desde el suroeste de Norteamérica, aunque no se sabe con seguridad.

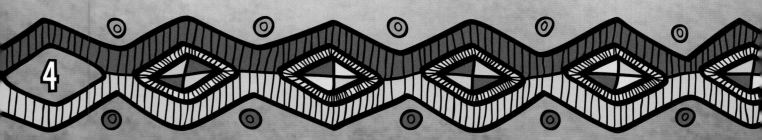

Este mapa muestra que los pueblos indígenas del Noreste vivían en los estados actuales de Nueva York, Massachusetts, Ohio y Pensilvania, entre otros.

Groenlandia

Canadá

Estados Unidos

México

= Región donde vivían los pueblos indígenas del Noreste.

¿Quieres saber más?

Antes de la colonización europea, gran parte del Noreste estaba cubierta de densos bosques. Por eso a estos pueblos indígenas a menudo se les llama los indios de los bosques orientales.

5

Modo de VIDA

Algunos de los pueblos indígenas del Noreste vivían en grupos grandes con miles de miembros y muchas aldeas. Otros grupos eran más pequeños y no tenían asentamientos **permanentes**.

Un tipo de vivienda que era común en el Noreste se llamaba *wigwam* o *wickiup* y tenía forma de **cúpula**. Los *wigwams* se hacían con postes de madera, hierba, corteza de árbol y a veces pieles de animales. Normalmente en cada *wigman* vivía una sola familia

La casa comunal, larga y de forma rectangular, también se hacía de madera, y tenía una puerta en cada extremo. En una casa comunal podían vivir hasta diez familias.

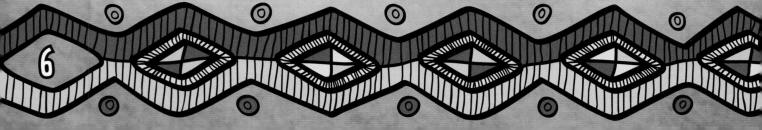

Las viviendas de los pueblos indígenas del Noreste eran fáciles de montar y desmontar. Así, según la estación, podían trasladarse más fácilmente para cazar y recolectar lo que necesitaban.

¿Quieres saber más?

En muchas lenguas indígenas, la palabra "wig" significa "vivir en". La palabra "wigwam" significa "su casa".

El jefe de la TRIBU

Por lo general, los pueblos indígenas del Noreste se agrupan por lenguas o costumbres. Algunos grupos tenían una junta de gobierno. La mayoría de los grupos tenía un jefe y un **consejo** de la aldea que los dirigía.

Aunque no todos los grupos se regían de la misma manera, los hombres y las mujeres de cada grupo, por lo general, tenían responsabilidades similares. Los hombres eran guerreros y cazadores. Las mujeres hacían la ropa, cultivaban la tierra, cocinaban y cuidaban de la familia. Los niños y las niñas aprendían sus deberes dentro de la comunidad de los adultos.

¿Quieres saber más?

A los grupos de indígenas se les suele llamar tribus o bandas.

Los chamanes eran personas importantes dentro de las tribus y bandas. Atendían a los enfermos y se comunicaban con el mundo de los espíritus.

La ALIMENTACIÓN

La región noreste de Norteamérica abarca bosques, la costa del Atlántico, praderas y otras zonas. Con tantos **entornos** diferentes, el alimento que consumían dependía del lugar donde vivían. La mayoría de los grupos cazaban animales, recolectaban bayas y semillas y pescaban en los ríos y lagos cercanos. ¡Los que vivían en la costa del Atlántico comían mucho marisco!

También cultivaban la tierra. En el Noreste los tres cultivos más importantes eran el maíz, la calabaza y los frijoles, los cuales se conocían como "las tres hermanas". Cerca de los Grandes Lagos, los indígenas cultivaban menos la tierra porque allí crecía arroz silvestre.

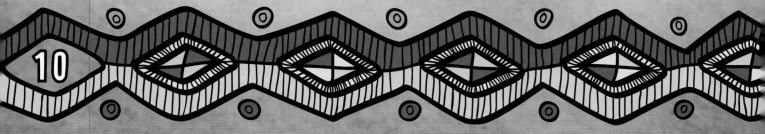

Una vez terminada la cosecha, lo que no se comía enseguida se secaba al sol para su uso durante el invierno.

¿Quieres saber más?

El noreste de Estados Unidos tiene cuatro estaciones. Los indígenas que vivían allí tenían que asegurarse de tener suficiente comida para el invierno, cuando era más difícil cazar y recolectar.

LOS **MOHICANOS**

Los mohicanos vivieron en el valle del río Hudson en lo que actualmente es el estado de Nueva York. Su nombre significa "gente de las aguas que nunca están quietas".

El río era una parte importante de sus vidas. La gente se movía por el río para pescar, cazar y pelear. Hacían canoas livianas de corteza de árbol. Una sola persona podía cargar fácilmente este tipo de canoa por tierra en caso de que las aguas estuvieran turbulentas. Los mohicanos también hacían grandes piraguas de troncos de árbol donde podían viajar muchas personas.

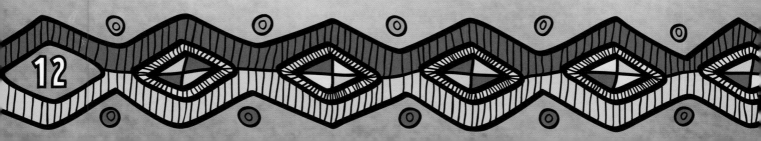

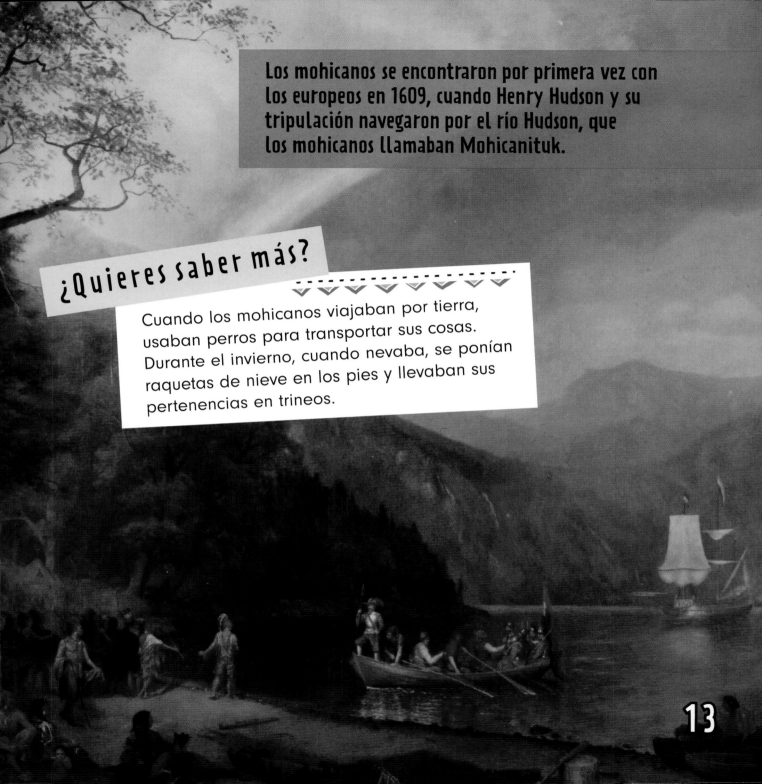

Los mohicanos se encontraron por primera vez con los europeos en 1609, cuando Henry Hudson y su tripulación navegaron por el río Hudson, que los mohicanos llamaban Mohicanituk.

¿Quieres saber más?

Cuando los mohicanos viajaban por tierra, usaban perros para transportar sus cosas. Durante el invierno, cuando nevaba, se ponían raquetas de nieve en los pies y llevaban sus pertenencias en trineos.

La Confederación
IROQUESA

Hace siglos, los pueblos cayuga, mohawk, oneida, onondaga y seneca (y más tarde tuscarora) formaron un tipo de gobierno nuevo y diferente. Se juntaron para formar lo que luego se conocería como la **Confederación** iroquesa. Los jefes de tribu de cada grupo se reunían para hablar de cómo podían resolver los problemas que se presentaban. Cada grupo tenía un voto y todos los miembros debían estar de acuerdo antes de que la Confederación pudiera actuar.

Entre los miembros de la Confederación había paz, pero a menudo entraban en guerra con otros grupos. Gracias a la unión que existía entre ellos y a su sistema de gobierno, lograron ganar muchas de las guerras.

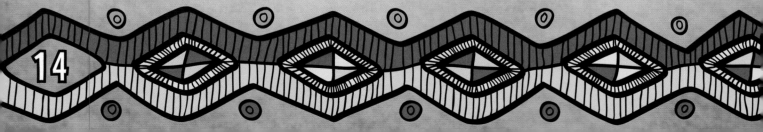

La Confederación iroquesa era uno de los grupos indígenas más grandes y más poderosos de Norteamérica.

¿Quieres saber más?

Los pueblos de la Confederación iroquesa se llamaban a sí mismos los haudenosaunee, lo que significa "pueblo de la casa comunal".

15

Los **LENAPES** (Delaware)

Los lenapes son uno de los pueblos indígenas más antiguos del Noreste. Muchos otros grupos los llamaban "los abuelos" en señal de respeto. Según cuentan algunas antiguas historias, muchos otros pueblos del Noreste tuvieron sus orígenes en los lenapes.

Cuando los europeos llegaron a territorio lenape, en lo que hoy en día es el estado de Nueva Jersey, le pusieron el nombre Delaware al río principal en honor a Lord De La Warr, un inglés que ayudó a fundar el estado de Virginia. Llamaron a los lenapes de la misma manera, por lo que ahora se conocen por ambos nombres.

En la **cultura** lenape, los hombres, las mujeres y los niños tenían tareas que hacer y colaboraban para mantener fuerte a su pueblo.

¿Quieres saber más?

Los lenapes creían que había un espíritu llamado el Mesingw que ayudaba a los cazadores a encontrar animales que les sirvieran de alimento. Su rostro rojo y negro daba miedo.

17

El Imperio POWHATAN

El imperio Powhatan era un conjunto de unos 32 grupos que vivían a lo largo de la bahía de Chesapeake. Un jefe muy poderoso, llamado Wahunsonacock, **conquistó** estos grupos y los unió. Junto a su jefe, estos grupos formaron el imperio Powhatan, nombrado así por la aldea natal de Wahunsonacock.

Todos los grupos hablaban lenguas algonquinas. Cada grupo vivía en diferentes aldeas pequeñas, cercanas entre sí. Cada aldea tenía un jefe que se aseguraba de que la gente siguiera las reglas establecidas por el imperio Powhatan.

Pocahontas era la hija de Powhatan. Según cuentan las historias, ella le salvó la vida a un inglés llamado John Smith, aunque es probable que esto no sea verdad.

¿Quieres saber más?

Algunos de los grupos del imperio de Powhatan incluían los pueblos mattaponi, chickahominy, nansemond y rappahannock.

19

Los SHAWNEES

Al principio, los shawnees vivían en el valle del río Ohio, cerca de los iroqueses. Pero los iroqueses los obligaron a mudarse hacia el sur. Para evitar peleas con otros grupos indígenas, los shawnees se cambiaban de un lugar a otro a menudo. No obstante, los guerreros shawnees luchaban para proteger a sus familias si estas corrían peligro.

Hacia mediados del siglo XVIII, algunos shawnees regresaron a Ohio y se encontraron que algunos colonos habían ocupado sus tierras. Tecumseh fue un famoso jefe y guerrero shawnee. Unió a muchos pueblos indígenas para que lucharan juntos e intentaran recuperar sus tierras.

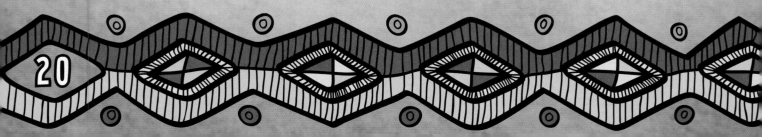

En la lengua shawnee, "Tecumseh" significa "estrella fugaz" o "pantera que cruza el cielo".

¿Quieres saber más?

Tecumseh murió después de luchar junto a los británicos en la Guerra de 1812. Esa guerra, entre el recién formado Estados Unidos y Gran Bretaña, terminó en 1815.

El misterio de CAHOKIA

En un extremo de la región noreste, los arqueólogos encontraron los restos de una ciudad grande y muy antigua en Illinois. ¡En ella había 120 montículos hechos de tierra! Se llamaba Cahokia y se cree que fue construida por un grupo indígena muy antiguo conocido como los "constructores de montículos". Alrededor del año 1100 o 1200, esta ciudad cubría unas seis millas cuadradas (15.5 km2) y tenía una población de aproximadamente 20,000 habitantes.

Algunos de los montículos tuvieron en algún momento edificios encima. Otros fueron usados para ocasiones especiales o para entierros.

El Montículo de los Monjes es el más grande de América del Norte y del Sur. ¡Mide 100 pies (30.5 m) de alto y casi 1000 pies (305 m) de largo!

¿Quieres saber más?

Los "constructores de montículos" no tenían una lengua escrita. Nadie sabe por qué los habitantes de Cahokia se fueron, ni a dónde.

Llegan los EUROPEOS

La mayoría de los pueblos indígenas del Noreste se encontraron por primera vez con los colonos europeos a principios del siglo XVII. En 1607 el pueblo powhatan conoció a los colonos de Jamestown, Virginia, donde se estableció la primera colonia inglesa permanente. Según los colonos establecían nuevas colonias, los nativos perdían sus tierras. Muchos murieron en la lucha por conservar sus tierras, pero incluso muchos más fallecieron a causa de las enfermedades que trajeron los europeos.

Posteriormente, en 1830, el gobierno de Estados Unidos obligó a todos los grupos indígenas a trasladarse al oeste del río Misisipi, y todas sus tierras pasaron a manos de los colonos.

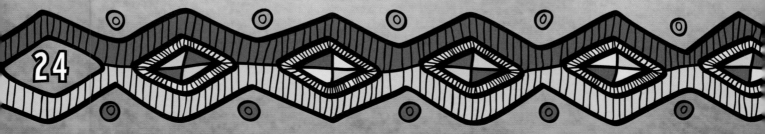

La colonización europea cambió las vidas de las poblaciones indígenas del Noreste para siempre.

¿Quieres saber más?

Los primeros europeos en encontrar a grupos indígenas en el Noreste fueron los vikingos, alrededor del año 1000 d. C.

Tiempos MODERNOS

Hoy en día, muchos de los **descendientes** de los grupos indígenas del Noreste viven en **reservas**, aunque no tienen obligación de hacerlo. Sus líderes trabajan con el gobierno de Estados Unidos para mejorar las vidas de los indígenas del Noreste. Algunas escuelas dentro de las reservas enseñan lenguas y tradiciones indígenas.

Existen cuentacuentos, artistas y músicos con mucho talento que comparten su historia y su cultura con sus hijos y con todos los que quieran aprender. Muchos grupos organizan *powwows* que están abiertos al público. Muchos nativos americanos visitan escuelas y muestran sus artesanías en ferias locales y estatales.

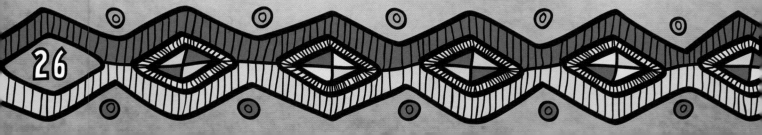

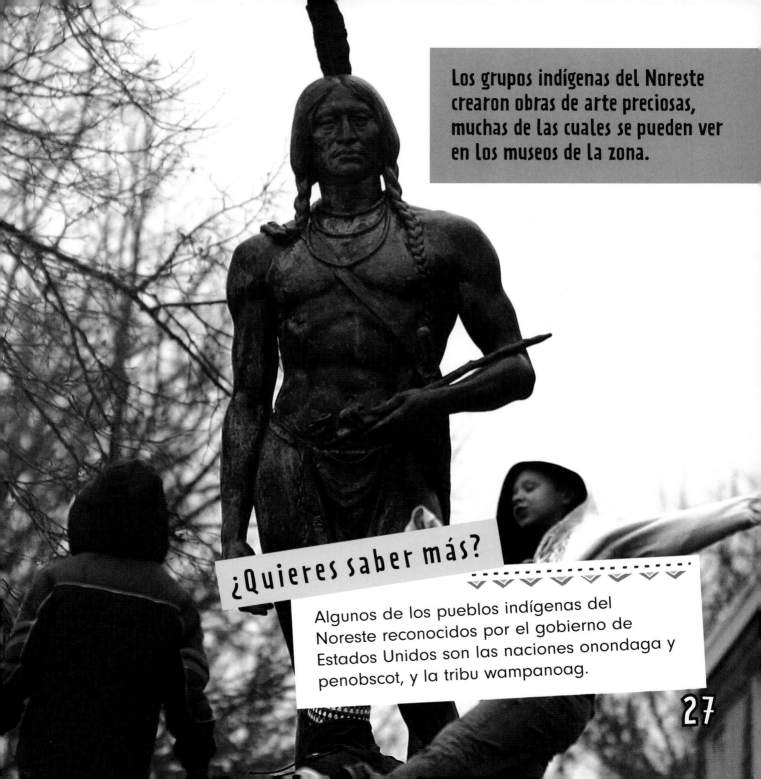

Los grupos indígenas del Noreste crearon obras de arte preciosas, muchas de las cuales se pueden ver en los museos de la zona.

¿Quieres saber más?

Algunos de los pueblos indígenas del Noreste reconocidos por el gobierno de Estados Unidos son las naciones onondaga y penobscot, y la tribu wampanoag.

27

Palabras de lenguas INDÍGENAS

¿Sabías que algunas de las palabras que usamos vienen de las lenguas de los pueblos indígenas del Caribe, Norte, Centro y Sur América? Aquí hay algunas que quizá conozcas.

animales	alimentos	ríos	ropa	objetos
caimán	achicoria	Erie	anorak	canoa
caribú	aguacate	Juniata	enagua	hamaca
cóndor	chile	Potomac	mocasín	iglú
coyote	chocolate	Susquehanna	parka	kayak
mapache	maíz			

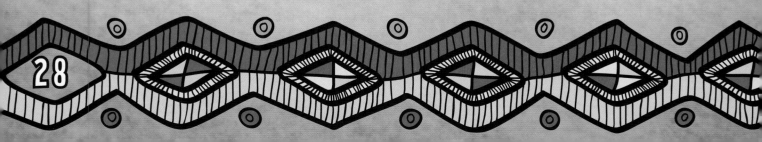

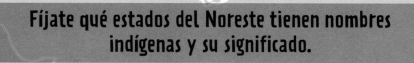
Massachusetts
"monte grande"

Wisconsin
"donde las aguas
se encuentran"

Michigan
"agua grande"

Connecticut
"lugar del río largo"

Ohio
"valle bello"

Illinois
"hombres" o
"hombres grandes"

¿Quieres saber más?

La expresión "enterrar el hacha de guerra", o hacer las paces, proviene de los iroqueses. Para demostrar que habían llegado a un acuerdo de paz, ¡enterraban literalmente hachas y otras armas en la tierra!

29

GLOSARIO

arqueólogo: persona que busca objetos y restos de edificaciones antiguas que nos ayuden a entender acerca de la vida en el pasado.

confederación: dos o más grupos que hacen un acuerdo de colaboración.

conquistar: tomar o adueñarse de algo por la fuerza.

consejo: un grupo de personas que debe tomar decisiones para un grupo más grande.

cultura: las creencias y el modo de vida de un pueblo.

cúpula: que tiene forma de semiesfera.

descendiente: que viene después de otra persona en una familia.

entorno: las condiciones que rodean a un ser vivo y afectan su forma de vida.

extenderse: ocupar cierta cantidad de terreno.

permanente: algo que dura mucho tiempo.

powwow: una celebración del modo de vida de los nativos americanos con canciones y danzas.

región: una gran extensión de tierra cuyas características la hacen diferente a otras tierras cercanas.

reserva: territorio designado por el gobierno de Estados Unidos para los nativos americanos.

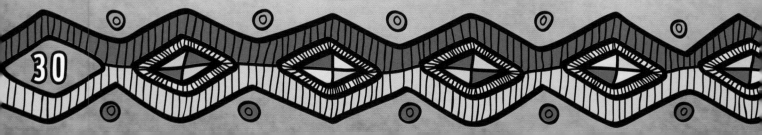

Para más INFORMACIÓN

Libros

Ditchfield, Christin, *Northeast Indians*. Chicago, IL: Heinemann Library, 2012.

Hinton, Kaavonia. *The Iroquois of the Northeast*. Kennett Square, PA: Purple Toad Publishing, 2013.

National Museum of the American Indian. *Do All Indians Live in Tipis? Questions and Answers from the National Museum of the American Indian*. Nueva York, NY: Collins, 2007.

Sitios de Internet

National Museum of the American Indian
www.nmai.si.edu/

Haz un recorrido virtual del museo. Sigue retransmisiones en directo vía web y consigue enlaces a películas y otros sitios web.

Native Americans for Kids: Northeast Woodland Indians in Olden Times
nativeamericans.mrdonn.org/northeast.html

Aprende acerca de la vida diaria de los pueblos indígenas del Noreste. Lee acerca de sus historias y mitos.

ÍNDICE